Imprimé en Italie
ISBN : 978-2-88480-574-2

Max et Lili

Mon livre de Noël

Texte Dominique de Saint Mars • Illustration Serge Bloch

CALLIGRAM

Ce livre de Noël appartient à :

Nom : ______________________

Prénom : ______________________

Adresse : ______________________

____

____

Téléphone : ______________________

Il m'a été offert par : ______________________

Le : ______________________

MON LIVRE DE NOËL

Ce livre va te donner plein d'idées pour préparer un super Noël en famille avec Max et Lili. Tu peux aussi y raconter comment s'est passée cette belle fête, tes joies, tes pensées, tes émotions... En plus, tu as des cartes de Noël à découper, des cadeaux pour ceux que tu aimes, des étiquettes, un jeu Max et Lili...

LES PRÉPARATIFS DE NOËL

LES CADEAUX DE NOËL

SKETCHES, JEUX ET SPECTACLES

LE JOUR DE NOËL

TEST

POCHETTE DE PLANCHES À DÉCOUPER

Les préparatifs de Noël

Mon pense-bête de Noël

Cadeaux

Pour :

______

______

______

______

Tenue de Noël

______

______

______

Décorations

	oui	non
La porte	☐	☐
Le sapin	☐	☐
La table	☐	☐
La fenêtre	☐	☐
La crèche	☐	☐
……	☐	☐

Gourmandises

______

______

______

______

______

(Regarde les idées pages 33 à 35)

Et aussi...

______

______

______

Jeux et spectacles

Sketches ______

Mimes ______

Jeux ______

Chants ______

Danse ______

………… ______

(Regarde les idées pages 40 à 45)

Ma lettre au Père Noël

Mon calendrier de l'Avent

Étonne ta famille en préparant ce calendrier de l'Avent qui mettra de la bonne humeur dans la maison pendant tout le mois de décembre.

1 Choisis 24 petites enveloppes de couleur.

2 Photocopie les petits messages de la page d'à côté. Mets-en un dans chaque enveloppe et écris le numéro au dos.

3 Ferme l'enveloppe avec une gommette.

4 Colle les enveloppes de 1 à 24 sur un carton ou sur la porte du frigo avec de la pâte à fixer (choisis le meilleur endroit avec ta maman ou ton papa).

5 Chaque jour, on ouvre une enveloppe !

Tu peux aussi fabriquer tes enveloppes en suivant ce modèle.

1 Ce soir, on a deux desserts !	**2** Promenade ensemble !	**3** Aujourd'hui, on sourit !
4 Ce soir, plateau-télé devant un film !	**5** On téléphone à Mamy !	**6** On organise une surprise !
7 Papa raconte un souvenir d'enfance !	**8** On se déguise pour le dîner !	**9** Aujourd'hui, Hamburgers !
10 On écoute de la musique !	**11** Ce soir, partie de dames !	**12** Maman raconte sa journée !
13 Aujourd'hui, pas de disputes !	**14** Aujourd'hui, petites gâteries !	**15** Les enfants décident des courses !
16 Dîner charades-devinettes !	**17** Partie de cache-cache en famille !	**18** Dîner de frites !
19 On téléphone à Papy !	**20** Ce soir, on danse !	**21** Papa raconte sa journée !
22 On prépare un goûter-dîner !	**23** Aujourd'hui, on dit merci !	**24** JOYEUX NOËL !

Ma liste de cartes de Noël

Je note le nom des gens à qui je vais envoyer une carte.

Les gens de ma famille :

_______________ _______________

_______________ _______________

_______________ _______________

Mes ami(e)s :

_______________ _______________

_______________ _______________

_______________ _______________

Les gens que j'aime :

_______________ _______________

_______________ _______________

_______________ _______________

Les gens à qui cela fera plaisir :

_______________ _______________

_______________ _______________

Les cartes de Noël

Tu peux les faire toi-même !

1 Découpe les cartes de Noël de Max et Lili dans les planches à découper à la fin de ton livre.

2 Avec un cutter, fais une fente en haut et en bas du paquet que portent Max et Lili.

3 Choisis un joli ruban, glisse-le dans les fentes et fais un nœud.

4 Glisse ta carte dans une enveloppe.

Les guirlandes

Voici trois idées de guirlandes
que tu peux fabriquer puis accrocher dans la maison.

La guirlande de cœurs étoilés

- Dessine puis découpe des cœurs et des étoiles dans du papier cartonné de couleur en t'aidant d'un emporte-pièce ou des modèles sur la page de droite.
- Enfile du raphia vert sur une grosse aiguille à laine.
- Passe à travers les cœurs et les étoiles 1 ou 2 fois pour donner des positions différentes.

La guirlande multicolore

- Prends de la ficelle à cadeau.
- Coupe des morceaux de toutes les couleurs de 25 cm environ.
- Noue chaque morceau sur une ficelle centrale en les espaçant de 3 cm environ.
- Frise-les sur une lame de ciseaux.

La guirlande de flocons

- Roule entre tes doigts des petites boules de coton.
- Enfile-les sur du fil blanc passé dans une aiguille.

Les petits sapins

1 Découpe dans du papier à dessin vert, 3 cercles de 6 cm, 5 cm et 4 cm de diamètre.

2 Ôte un grand quartier comme sur le modèle et colle chaque cône.

3 Enfile du coton vert sur une aiguille et fais un nœud au bout.

4 Enfile le cône le plus grand.

5 Fixe un mini morceau de ruban adhésif sur la ficelle au-dessus du premier cône et enfile le deuxième cône.

6 Fais la même chose avec le troisième cône.

7 Déchire de tout petits morceaux dans une serviette en papier rouge. Froisse-les pour faire des mini boules et colle-les sur ton sapin.

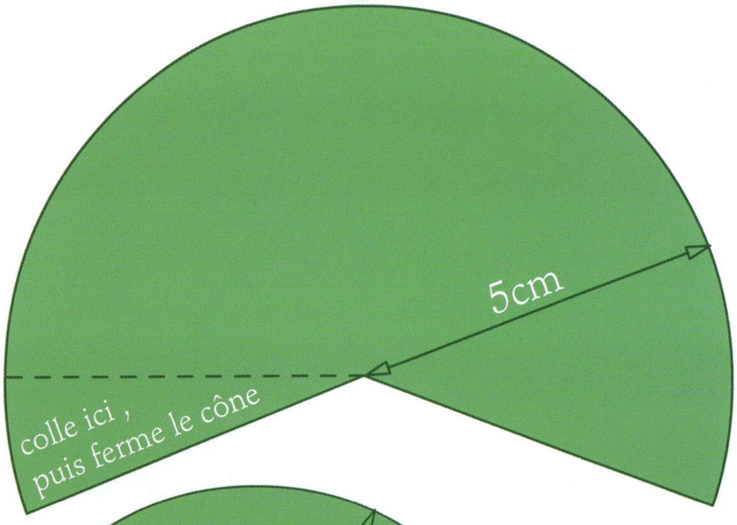

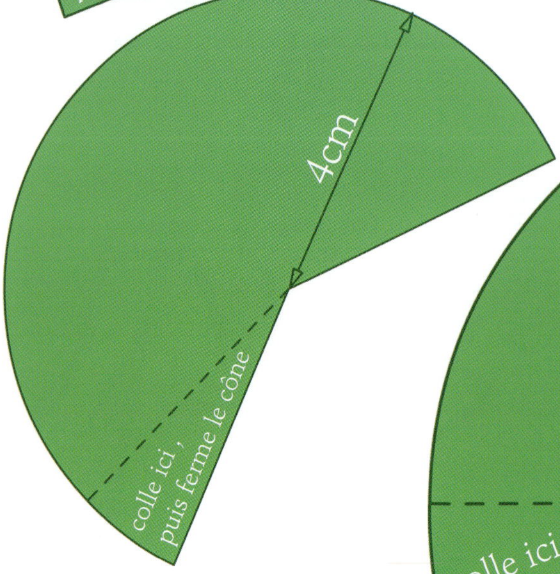

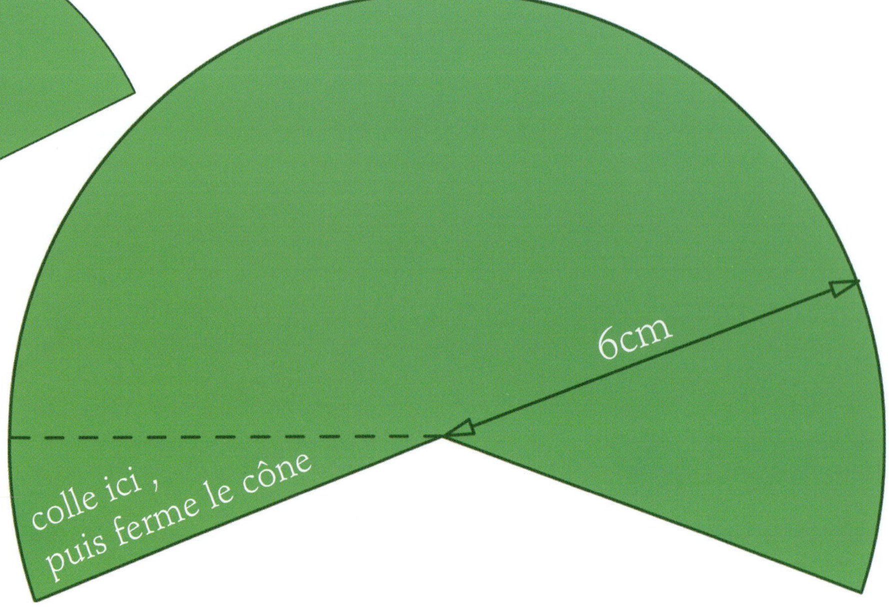

Les décorations

Voici quatre bonnes idées pour décorer ton sapin.

Les petits fagots

• Ramasse des petites branchettes et coupes-en une quinzaine de la même taille (10 cm environ).
• Réunis-les avec de la ficelle et passe un fil transparent pour fixer le fagot au sapin.

Les maxi bonbons

• Récupère un rouleau de papier toilette vide. Coupe-le en deux, empaquette-le avec du papier cadeau et ferme sur les côtés avec de la ficelle cadeau.

Les pommes de pin

• Peins tes pommes de pin avec de la gouache en faisant plusieurs couches et en laissant sécher entre les couches.
• Punaise au sommet de la pomme de pin un joli ruban en son milieu et fais un nœud.
• Glisse un fil transparent dans le noeud pour fixer la pomme de pin au sapin.

Les petits paquets

• Empaquette des petites boîtes vides ou des cubes avec du papier cadeau.
• Mets une ficelle autour et accroche-les à ton sapin avec un fil transparent.

Noël à ma fenêtre

Il te faut :

- de la peinture blanc fixe pour écrire sur les fenêtres (elle s'achète chez le marchand de peinture et se lave très facilement)
- du papier cartonné
- un pinceau et du ruban adhésif

1 Copie ces modèles sur des feuilles de papier et sépare-les (tu peux aussi les agrandir).

2 Colle-les à l'extérieur de la fenêtre.

3 Peins sur la fenêtre intérieure en suivant le dessin. Ajoute des flocons.

4 Retire le modèle quand tu as fini.

Noël à ma table

Décore ta table en posant un petit bonhomme de neige à côté de chaque assiette.

Il te faut, pour 5 bonshommes de neige :

- 5 piques à brochettes
- des cure-dents
- 10 machemallows blancs
- 5 réglisses rouges ou noirs
- 5 bonbons longs et rouges
- 5 bandeaux à la fraise ou à la pomme
- 5 petits bonbons longs
- 2 bonbons gomme
- 10 boules argentées
- 5 petits gâteaux
- du sucre glace

Les bonshommes de neige

1 Enfile sur la pique à brochette un machemallow en piquant le centre de la partie plate.

2 Enfile un second machemallow en traversant le côté arrondi.

3 Enfile un réglisse puis un bonbon long.

4 Fais l'écharpe avec un bandeau à la fraise. Ferme-la en piquant un petit morceau de cure-dent terminé par un petit bout de bonbon gomme.

5 Prépare avec un cure-dent trois trous pour les yeux et le nez, puis pique 2 boules argentées et un petit bonbon long.

6 Pique ton bonhomme sur un petit gâteau saupoudré de sucre glace.

L'apéro de Noël

Prépare un joli apéritif pour toute la famille.

LES ENDIVETTES

Il te faut :

- des endives
- du cottage cheese ou du fromage frais
- de l'ail en poudre
- du paprika

Préparation :

1 Coupe le bas de l'endive et détache les feuilles.

2 Verse dans l'endive une cuillerée de cottage cheese ou de fromage frais.

3 Saupoudre légèrement d'ail puis de paprika.

4 Dispose les feuilles en étoile sur une assiette.

LES PETITS COEURS PIZZAS

Il te faut :

- 1 pâte à pizza toute prête
- 1 boîte de purée de tomates
- des câpres
- de la mozzarella
- de l'origan
- du sel et du poivre

Préparation :

1 Préchauffe le four à 200° C.

2 Déroule la pâte à pizza avec le papier sulfurisé et fais des cœurs avec un emporte-pièce.

3 Étale à la petite cuillère une fine couche de purée de tomates sur chaque cœur.

4 Saupoudre de sel et de poivre.

5 Pose trois petits carrés de mozzarella.

6 Saupoudre d'origan.

7 Ajoute une câpre au centre.

8 Mets au four pendant 15 minutes.

La bûche glacée Max et Lili

Une recette de bûche aux marrons qui ne demande pas de cuisson !

LA BÛCHE AUX MARRONS

Il te faut, pour 12 personnes :

- 500 grammes de crème de marrons
- 400 grammes de chocolat noir
- 125 grammes de beurre mou
- du sucre glace

Préparation :

1 Fais fondre le chocolat dans une casserole ou au micro-ondes. Ajoute le beurre coupé en morceaux et mélange jusqu'à ce qu'il soit fondu.

2 Ajoute la crème de marrons et mélange bien.

3 Tapisse un moule à cake de papier sulfurisé. Verse le mélange dans le moule et laisse une nuit au réfrigérateur.

4 Démoule la bûche sur un plat à cake et ôte le papier. Dessine dessus des vagues avec une fourchette.

5 Saupoudre la bûche avec du sucre glace pour faire la neige. Décore si tu veux avec des petits bonbons argentés.

6 Décore ta bûche avec les silhouettes de Max, Lili et Pluche que tu trouveras dans les planches à la fin du livre. Découpe-les, colle-les dos à dos autour d'un cure-dent et pique-les sur ta bûche.

Le réveillon

Tu peux aussi organiser un réveillon ou un goûter de Noël !

LE CHOCO CHANTILLY

Il te faut, pour 6 personnes :

- du chocolat en poudre
- 1 litre de lait
- de la crème en bombe

Préparation :

1 Mets une grande cuillerée de chocolat en poudre au fond de chaque tasse.

2 Verse un peu de lait froid et mélange jusqu'à ce que tu obtiennes une pâte.

3 Fais chauffer le lait.

4 Quand le lait commence à frémir, verse-le doucement dans les tasses en tenant la casserole très haut.

5 Ajoute un peu de crème en bombe sur le dessus avant de boire.

LES BRIOCHES DE NEIGE

Il te faut :

- des petites brioches
- des fruits secs
- un tube de crème de marrons
- du sucre glace
- des cure-dents
- des brindilles

Préparation :

1 Coupe une brioche en deux dans le sens de la largeur pour faire la tête.

2 Enfonce 2 noisettes pour les yeux et une amande pour le nez.

3 Dessine les sourcils et la bouche avec le tube de crème de marrons.

4 Coupe un chapeau pointu dans la demie brioche restante.

5 Pique le chapeau sur la tête avec un cure-dent et met un raisin sec en haut.

6 Pique la tête sur une autre brioche avec deux cure-dents passant de chaque côté du nez.

7 Pique la brindille et saupoudre de sucre glace.

Les cadeaux de Noël

La liste des cadeaux que je vais offrir

Pour papa :

Pour maman :

Pour mon frère :

Pour ma sœur :

Pour ma maîtresse :

Pour .... :

Pour une personne
que j'aime :

Un cadeau pour maman

La boîte à petits bons

1 Photocopie cette page, signe les bons avec ton frère, ta sœur, ton papa… puis découpe-les.

2 Découpe l'emballage de la boîte à petits bons dans la pochette découpage à la fin de ton livre et colle-le autour d'une grosse boîte d'allumettes.

3 Glisse tes bons à l'intérieur. Ta maman pourra les utiliser quand elle veut.

BON pour un petit-déjeuner au lit. Signé :	**BON** pour que je te raconte une histoire. Signé :	**BON** pour que je ne te casse pas les pieds ! Signé :
BON pour que je te laisse dormir ! Signé :	**BON** pour que je fasse le dîner. Signé :	**BON** pour que je fasse ton lit. Signé :
BON pour aller au ciné tous les deux ! Signé :	**BON** pour tout ce que tu veux ! Signé :	**BON** pour faire un jeu ensemble. Signé :
BON pour un très gros câlin. Signé :	**BON** pour une heure de farniente ! Signé :	**BON** pour ne pas sortir le chien ! Signé :
BON pour que tu sois en retard ! Signé :	**BON** pour que je mette le couvert. Signé :	**BON** pour qu'on aille manger une glace. Signé :
BON pour un massage des doigts. Signé :	**BON** pour une promenade tous ensemble. Signé :	**BON** pour que je prenne un bain ! Signé :

Un cadeau pour papa, papy et mamy

La pendule bonne humeur

1 Découpe la pendule de la bonne humeur dans la pochette découpage à la fin de ton livre.

2 Découpe la flèche qui servira d'aiguille à la pendule.

3 Fixe l'aiguille avec une attache parisienne au centre de la pendule.

4 Écris le nom de la personne à qui tu veux offrir ta pendule en haut à droite.

Les marque-pages Pluche et Pompon

1 Découpe les 2 marque-pages dans la pochette découpage à la fin de ton livre.

2 Fends le contour du bas de la barbe.

3 La barbe sert à coincer la page.

Un cadeau pour moi

Le jeu de paires Max et Lili

Découpe toutes les cartes
dans la pochette découpage
à la fin de ton livre.

Règle du jeu :

On peut jouer à 2, 3 ou 4.
Mélange les cartes et distribue-les aux joueurs.
Chaque joueur regarde s'il a des paires dans son jeu et les dépose sur la table.
Le joueur ayant le plus de cartes les présente à l'envers à son voisin de droite. Ce dernier en tire une, il contrôle s'il peut former une paire et poursuit la partie sur la droite.
Le dernier joueur en possession du fantôme noir reçoit un gage.

Autre règle :

Pose toutes les cartes à l'envers sur une table. Chaque joueur, chacun à son tour, retourne 2 cartes et tente de faire un mariage. S'il fait une paire, il la garde. S'il ne fait pas de paire, il repose les cartes à l'envers. Le jeu consiste à se souvenir de l'emplacement des cartes.
À la fin de la partie, le gagnant est celui qui a le plus de paires.

Range ton jeu dans une boîte d'allumettes.

Recouvre la boîte du petit emballage que tu trouveras dans la pochette découpage à la fin de ton livre.

Un cadeau pour un petit

Les marionnettes à doigts Max et Lili

Comment faire tes marionnettes ?

1 Découpe les marionnettes dans la pochette découpage à la fin du livre.

2 Mets de la colle uniquement sur la languette et colle à l'intérieur de la marionnette.

3 Enfile-la sur les doigts et imagine des petits dialogues.

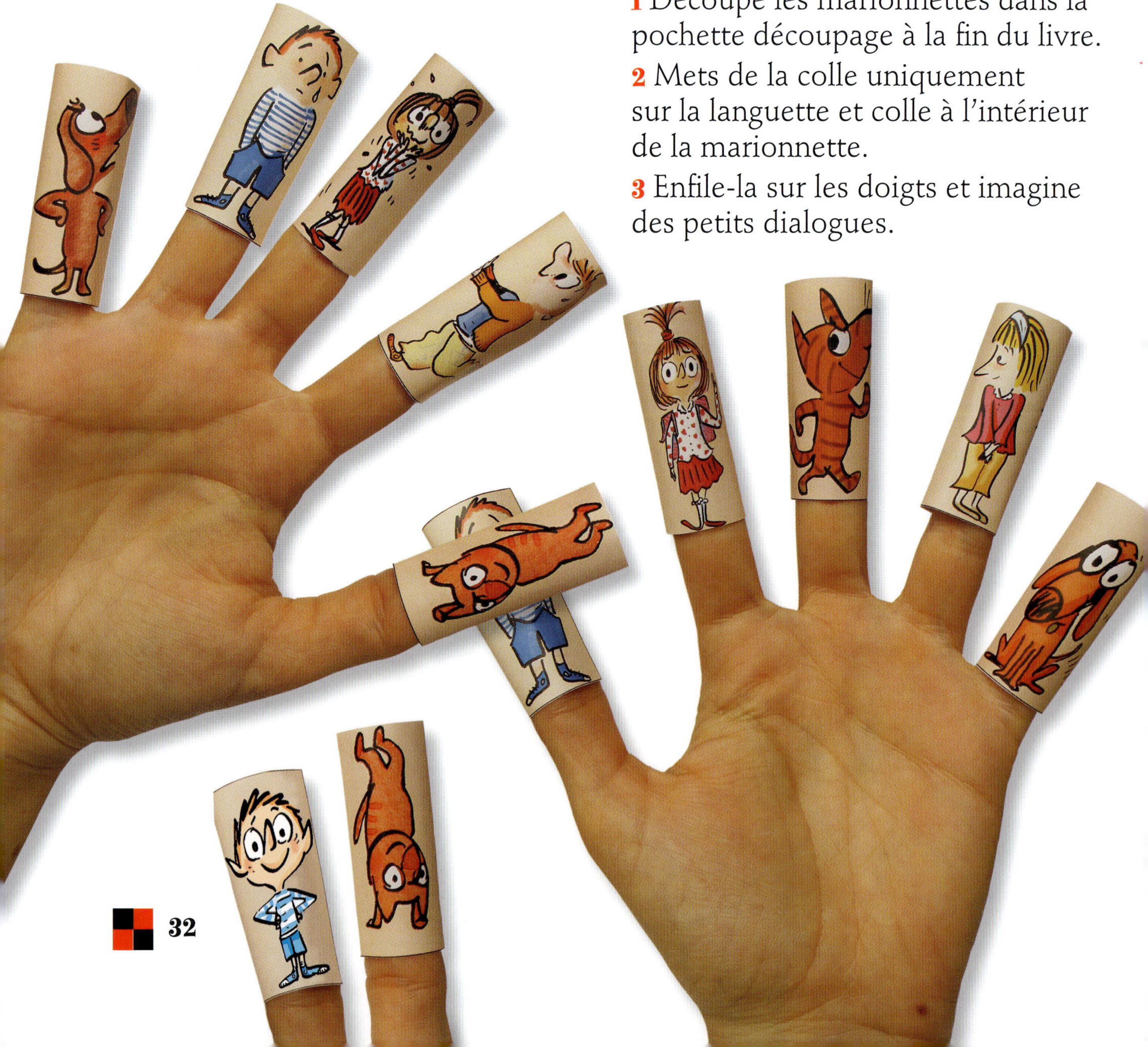

Les petits massepains

Voici des idées de petites douceurs
à offrir à ceux que tu aimes.

Comment faire tes petits massepains ?

1 Découpe les rouleaux de pâte d'amande en morceaux (il existe des rouleaux blancs, verts et rouges).

2 Découpe et fais la forme que tu veux.

3 Assemble les morceaux.

4 Tu peux décorer tes modèles avec des petits bonbons.

Un champignon

Un Père Noël

Un bonhomme de neige

Un sapin

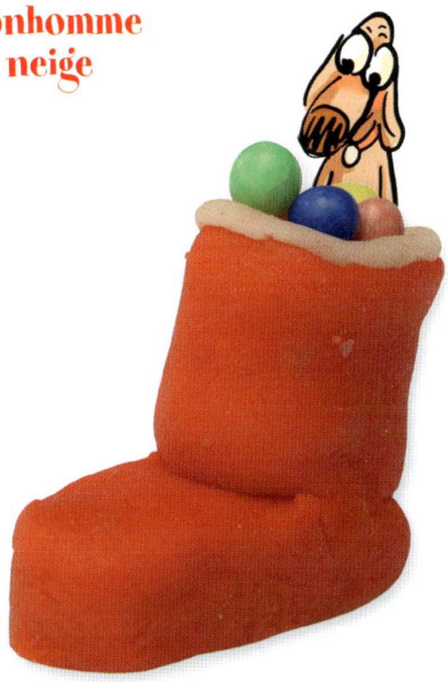

Une botte

Des cadeaux pour les gourmands

LES FRUITS DÉGUISÉS

Il te faut :

- 10 pruneaux
- 10 dattes
- 10 abricots
- de la pâte d'amande colorée

Préparation :

1 Fends les pruneaux et les dattes et ôte le noyau.

2 Coupe des morceaux de pâte d'amande et fais des petits boudins.

3 Fourre tes fruits avec un petit boudin.

LES TRUFFES AU CHOCOLAT

Il te faut :

- 250 grammes de chocolat
- 100 grammes de crème fraîche
- 50 grammes de beurre
- un demi verre de cacao en poudre non sucré

Préparation :

1 Casse le chocolat en morceaux. Fais-le fondre avec un peu d'eau dans une casserole ou au four à micro-ondes dans un bol.

2 Ajoute la crème fraîche et le beurre coupé en morceaux.

3 Mets au réfrigérateur pour faire durcir.

4 Fais des petites boules avec tes doigts en t'aidant d'une cuillère à café. Roule-les dans le cacao.

5 Garde-les au frais et mets-les dans une jolie boîte juste avant de les offrir.

LES CARAMELS MOUS

Il te faut :

- 200 grammes de miel
- 200 grammes de chocolat
- 200 grammes de sucre
- 25 grammes de beurre
- 10 centilitres de crème
- un demi citron

Préparation :

1 Casse le chocolat en morceaux et fais-le fondre avec un peu d'eau dans une casserole ou au four à micro-ondes dans un grand bol.

2 Fais fondre dans une casserole le miel, le sucre et le jus de citron.

3 Mélange les deux préparations hors du feu.

4 Remets à chauffer et laisse cuire pendant 10 minutes.

5 Ajoute le beurre et mélange hors du feu.

6 Verse ta pâte au caramel dans de petites caissettes.

LES PETITS SABLÉS

Il te faut :

- 150 grammes de farine
- 75 grammes de beurre
- 75 grammes de sucre
- 1 œuf

Préparation :

1 Mélange le sucre et la farine. Ajoute le beurre coupé en petits morceaux puis l'œuf.

2 Mélange avec tes doigts pour obtenir une pâte.

3 Fais un long saucisson de 4 cm de diamètre avec ta pâte et laisse-la refroidir au réfrigérateur pendant une heure.

4 Coupe des rondelles dans ton boudin.

5 Roule des petits morceaux de pâte pour faire les yeux, le nez, la bouche et le chapeau.

6 Pose les biscuits sur une tôle beurrée et laisse cuire 10 minutes au four à 170° C.

Les paquets coquets

Un joli emballage fait déjà la moitié du cadeau !

Pour faire ces paquets, il te faut :
- rouleau de papier toilette vide pour un petit paquet
- 1 rouleau de papier ménage vide pour un paquet long.
- du papier crépon ou des jolies serviettes en papier
- du papier de couleur
- un napperon en papier
- du ruban
- du ruban adhésif, des ciseaux

Le paquet papillote

- Enroule un rouleau de carton avec du papier crépon ou une jolie serviette en papier (le papier doit être plus long que le rouleau).
- Remplis le rouleau de petites surprises.
- Serre les deux extrémités et renfonce-les un peu à l'intérieur du rouleau.
- Fais un nœud avec une bande de papier crépon et décore comme tu veux.

Le paquet boule

- Découpe un ou deux ronds de papier plus grand que l'objet.
- Relève les bords et ferme avec un joli ruban.

Le paquet cornet

- Découpe un carré de papier, roule-le en cornet et fixe avec du ruban adhésif.
- Remplis ton cornet, rabats le haut, ferme en collant un bonbon et décore comme tu veux.

Les étiquettes Max et Lili

Les étiquettes

- Découpe les étiquettes Max et Lili dans la pochette découpage à la fin de ton livre.
- Remplis-les.
- Perce le petit trou et passe une jolie ficelle.
- Accroche l'étiquette à ton cadeau.

Les petits mercis

- À la fin de la journée, tu peux glisser des petits messages que tu enrouleras pour remercier les gens qui t'ont gâté.
- Glisse tes petits rouleaux sous les oreillers, dans les sacs, les poches, sous les essuie-glaces...

Sketches, jeux et spectacles

Les sketches de Noël

UNE POÉSIE DE NOËL (interprétée par Marlène et Simon)

LES BOUGIES DE NOËL
(interprétée par Jérémy, le vendeur, et Max et Juliette, les clients)

Accessoires : une table avec dessus une boîte à outils et des outils dispatchés
Le vendeur est derrière la table, les clients s'avancent vers la table.

1  Bonjour, messieurs dames, vous désirez ?

 Bonjour monsieur, nous voudrions des bougies s'il vous plaît et des clémentines.

 Oui, c'est pour nos décorations de Noël.

2  Mais madame, ici nous ne vendons que des pièces détachées… pour les voitures.

 Parfait ! Alors faites-nous aussi un gâteau, une pièce montée avec vos pièces détachées !

 Et mettez-nous des bougies avec !

3  Mais puisque je vous dis que mes bougies sont pour les autos ! Broum, broum !

 Oh, là, là ! mais vous m'avez l'air nerveux. Eh bien, mettez-nous aussi une douzaine de petites voitures pour notre petit-fils, si ça vous fait plaisir !

4  Ne t'énerve pas, mon ange !

 *(très énervé)* : Ton ange n'est pas du tout énervé, il est très calme !

5  *(énervé)* : Bon, je n'ai pas que ça à faire, moi ! J'ai un client qui m'attend pour que je lui change ses bougies !

 Eh bien, on y arrive, vous avez donc bien des bougies !

6  *(le vendeur retrousse ses manches)* : Parfaitement ! J'ai des bougies, une pièce montée détachable, tout plein de voitures et en prime, une magnifique tarte aux marrons ! Ça vous intéresse ?

 Mais on adore les tartes, hein mon ange ?

 Et surtout, n'oubliez pas les bougies !

LE MYSTÈRE DE MA NAISSANCE
(interprété par Koffi, Valentine, Victor, Lucien et Émilie)

Pour 2 ou 5 acteurs : l'enfant et l'adulte (ou l'enfant et 4 adultes).
Accessoires : un foulard – des lunettes – un châle.
Si on joue à deux, l'adulte jouera le rôle des quatre adultes. Il met un foulard quand il est la mère. Puis il l'ôte et se le met en écharpe pour faire le père. Il met les lunettes pour faire le grand-père. Il met en plus le châle pour faire la grand-mère.

1 Maman, je suis né le 20 décembre mais… comment je suis arrivé ?

Dans une rose, mon chéri ! *(Koffi se gratte le menton, perplexe.)*

2 Papa, dis, tu sais comment tu es né, toi ?

Dans un chou, mon lapin ! *(Koffi tourne en rond, les bras dans le dos, de plus en plus perplexe.)*

3 Hé papy, raconte-moi comment tu es né ?

C'est la cigogne qui m'a apporté ! *(Koffi, les mains sur les hanches.)*

4 Dis donc mamy, dis-moi un peu comment tu es née ?

Je suis arrivée sur le chariot du Père Noël !

5 INCROYABLE ! Il n'y a pas eu une naissance normale dans la famille depuis trois générations !

LA BÛCHE DE NOËL
(interprétée par Lili et Clara)

Accessoires : une table recouverte d'une nappe qui cache les accessoires situés au-dessous – ton livre de Noël posé sur la table, une bûche en bois, une scie, une grosse casserole, un vieux torchon, un plateau, une bombe de crème à raser, des champignons.

1 Regarde ça, Clara ! J'ai trouvé une super recette de bûche de Noël ! *(Lili se penche sur le livre et lit.)* Pour 12 personnes, prendre une belle bûche d'environ 2 kilos !

J'ai ce qu'il nous faut ! *(Clara prend la bûche sous la table et la pose sur la table.)*

2 Un peu grosse cette bûche, je vais la couper en deux. *(Lili attrape la scie sous la table et fait semblant de scier la bûche.)*

Moi, je la garderais comme ça, ils disent que ça réduit à la cuisson.

3 *(Lili se penche sur le livre.)* Faire cuire 3 heures au court-bouillon. Ajouter sel, poivre et un bouquet d'herbes de Provence.

Ça devrait faire l'affaire ! *(Clara pose sur la table la casserole et met la bûche dedans.)*

4 Puis jetez l'eau de cuisson et égouttez la bûche. *(Lili sort la bûche de la casserole et fait semblant de l'égoutter à bout de bras.)*

Dressez votre bûche sur un plat. *(Clara met la bûche debout sur le plateau.)* Hum, curieux leur méthode, je préfère la poser, moi ! *(Clara met la bûche à plat.)*

5 Nappez la bûche de crème à raser ! *(Lili attrape la bombe de crème et recouvre la bûche.)*

(Clara, en lisant le livre.) Il ne vous reste plus qu'à décorer votre bûche avec des champignons ! *(Clara plante des champignons dans la crème à raser.)*

6 *(Clara et Lili portent le plateau à deux et s'avancent vers les spectateurs.)*

Ces messieurs dames prendront bien une petite tranche ?

Le grand quiz de Noël

Donne un petit papier et un crayon à chaque participant pour qu'il note la lettre correspondant à sa réponse !

1 • Quel arbre n'existe pas ?
- a. le chocolatier
- b. le caféier
- c. le cacaoyer

2 • Où le chocolat a-t-il été découvert ?
- a. en Chine, sous la dynastie des Tang
- b. en Colombie, chez les Indiens
- c. au Mexique, chez les Astèques

3 • Dans quel pays Noël tombe en plein été ?
- a. en Australie
- b. au pôle Sud
- c. en Grèce

4 • Comment appelle-t-on le Père Noël en Russie ?
- a. Pépère Noël
- b. Père Gel
- c. Santa Claus

5 • La crèche a été inventée par :
- a. Charlemagne
- b. le premier pape
- c. Saint François d'Assise

6 • Où est né le Père Noël ?
- a. aux États-Unis en 1822
- b. à Rome en 523
- c. au Groenland en 1567

7 • Quel roi ne fait pas partie des trois rois mages ?
- a. Isidore
- b. Gaspard
- c. Balthazar

8 • Quel est le livre de Max et Lili qui parle de Noël ?
- a. Max fête Noël avec Lili
- b. Max et Lili préparent Noël
- c. Max et Lili fêtent Noël en famille

9 • Pourquoi la poule d'Inde est l'ancien nom du dindon et de la dinde ?
- a. on l'a découverte à l'état sauvage au nord de l'Inde
- b. elle vient d'Amérique et l'on pensait à l'époque que c'était l'Inde
- c. elle a été découverte par une néo-zélandaise : Mary Inde

10 • Autrefois, les enfants recevaient une orange comme cadeau de Noël :
- a. parce que c'était un fruit exotique et rare
- b. parce que c'était leurs seules vitamines de l'hiver
- c. parce que le Père Noël n'existait pas encore

11 • Qu'est-ce qu'une truffe ?
- a. un champignon
- b. un nez de chien
- c. un chocolat

12 • Combien de kilos de chocolat les Français mangent-ils en moyenne chaque année ?
- a. 3,2 kilos
- b. 4,8 kilos
- c. 6, 2 kilos

Réponses : 1a – 2c – 3a – 4b – 5c – 6a – 7a – 8c – 9b – 10a – 11abc – 12b

Le sapin à fous rires

Les gages :

- Embrasser chaque joueur sur les deux joues en faisant beaucoup de bruit.
- Pleurer comme un bébé en suçant son pouce pendant 30 secondes.
- Transformer un joueur en momie en l'enroulant de papier toilette.
- Improviser un dialogue avec un meuble pendant une minute.
- Imaginer pendant une minute la danse du coude.

Règle du jeu :

On peut jouer à trois ou plus.
Chaque joueur a un pion et lance le dé chacun à son tour.
Chaque boule donne un gage, sauf les rouges.

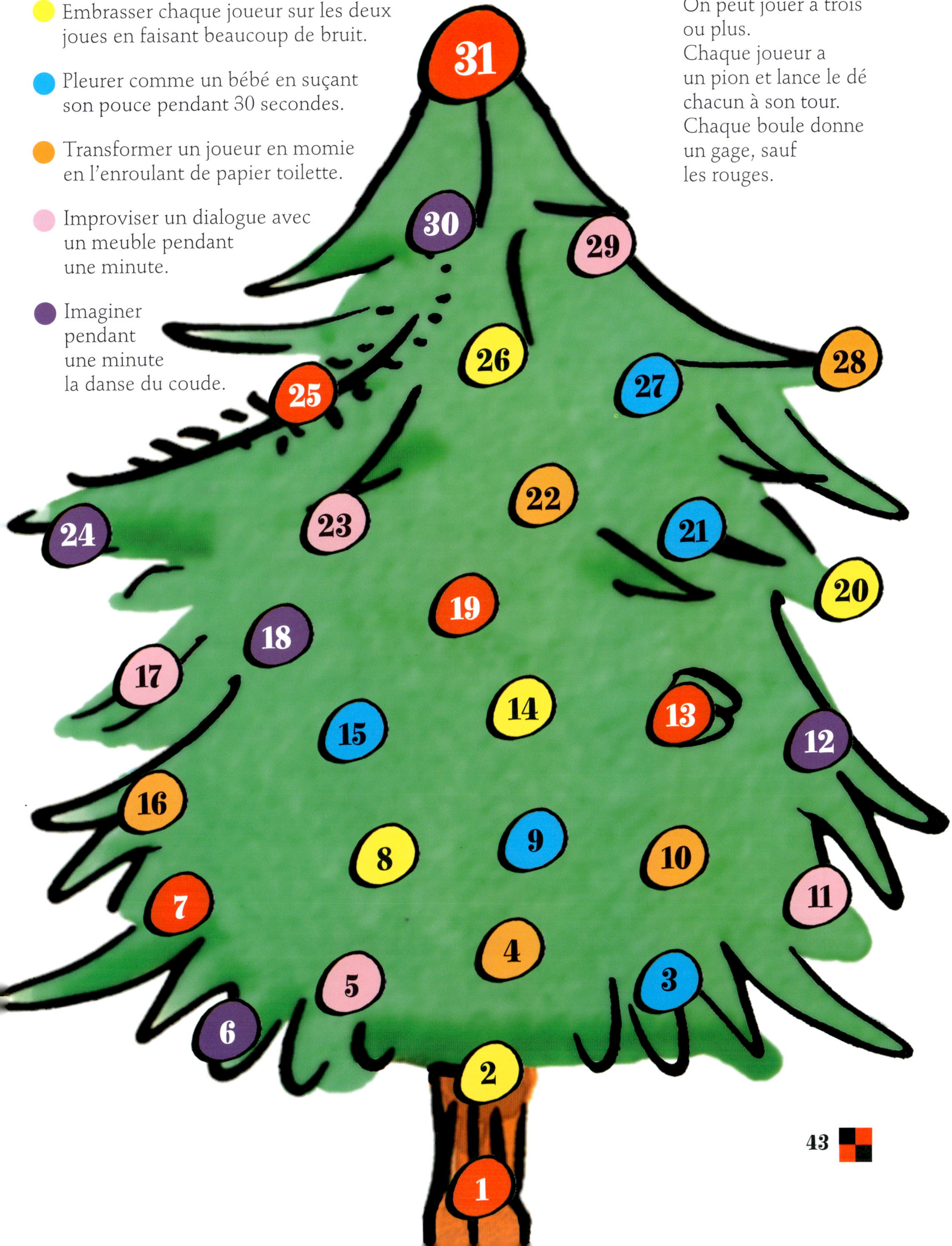

La hotte magique

Ferme les yeux et demande à quelqu'un de cacher un cadeau avec son doigt. Ouvre les yeux et dis-lui la couleur du paquet qu'il a caché et la couleur du nœud.

LE SECRET : pour retrouver la couleur du cadeau caché, regarde cinq cadeaux plus loin. Tu peux regarder en haut, en bas, à droite, à gauche ou même en diagonale. Compte discrètement dans ta tête et donne la réponse (ex : le cadeau orange à nœud vert).

Les blagues de Noël

Photocopie cette page, découpe-la et agrafe les pages.
Fais plusieurs mini-livres et donne-les en cadeau.

Le jour de Noël

Ma famille et mes amis

Je fais signer tous ceux qui étaient là pour fêter Noël.

L'ouverture des cadeaux

Les cadeaux étaient rassemblés dans ______________

On a ouvert les cadeaux à __________ heures.

Il y avait ____ personnes : ________________________

____

Le plus gros paquet était pour __________ C'était ____________

Le plus petit paquet était pour __________ C'était ____________

Le cadeau le plus drôle ______________________________

Le cadeau le plus étonnant ____________________________

Le cadeau le plus mignon ______________________________

Le cadeau le plus épatant ______________________________

Le cadeau que j'ai préféré pour moi ______________________

Le cadeau que j'ai préféré pour les autres ____________________

Les cadeaux que j'ai reçus

__________ m'a offert : ____________________

__________ m'a offert : ____________________

Le cadeau qui m'a fait le plus plaisir : __________ ____________________

Le cadeau qui m'a le plus épaté : __________ ____________________ ____________________

Le cadeau qui m'a un peu énervé : __________ ____________________

Le cadeau qui m'a fait rigoler : __________ ____________________

Le cadeau qui __________ ____________________ ____________________

Le repas de Noël

Le menu

J'avais préparé : ______

______

Je note ce que chacun a préféré pendant le repas :

Papa : ______

Maman : ______

Papy : ______

Mamy : ______

Ma ______

M ______

M ______

M ______

Ce que j'ai fait...

Le matin de Noël :

L'après-midi :

Le soir :

Je me suis couché à :

Ce que j'ai aimé...

Ce que j'ai aimé...

un peu ______________________

____

____

à la folie ______________________

____

____

beaucoup ______________________

____

____

pas du tout ______________________

____

____

passionnément ______________________

____

____

Mes émotions

Ce qui m'a fait le plus plaisir : ______________________

____

Ce qui m'a fait rire : ______________

____

Ce qui m'a rendu un peu triste : ______________________

____

Ce que j'ai regretté : ______________________________

____

Ce que j'ai oublié : ________________________________

Ce que je ferai en plus l'année prochaine :

____

Mes pensées le soir de Noël

	OUI	NON
Je suis heureux		
J'ai trop de chance		
Le déjeuner était formidable		
J'aime ma famille		
J'ai mangé trop de chocolat		
Il manquait quelqu'un		
J'ai été gâté		
Le dessert était trop bon		
J'ai été un peu jaloux		
C'était un jour magique		

	OUI	NON
J'ai été déçu		
Je me sens aimé		
On n'a pas parlé d'école		
On a beaucoup ri		
J'ai été triste pour quelqu'un		
J'ai parlé avec tout le monde		
J'étais excité		
On a joué tous ensemble		
J'ai eu envie de pleurer		
La table était belle		
Je me sentais bien		

Ce à quoi j'ai rêvé

Dessine ou écris ce à quoi tu as rêvé.

J'imagine Noël

Avec qui serais-tu ? ______________________________

Où partirais-tu ? ______________________________

Planning de ton jour de Noël rêvé

8 heures ______________________________

10 heures ______________________________

Midi ______________________________

14 heures ______________________________

16 heures ______________________________

18 heures ______________________________

20 heures ______________________________

22 heures ______________________________

Mes activités pendant les vacances de Noël

Les spectacles que j'ai vus : ______________________

____

Les films : ______________________

____

Les livres que j'ai lus :

____

Les promenades que j'ai faites : ______________________

____

Les jeux : ______________________

____

Les activités : ______________________

____

Les sports :

____

La famille que j'ai vue :

____

Les amis : ______________________

____

Les personnes que j'ai connues : ______________________

____

Mon TOP 10 des vacances de Noël

1 •

2 •

3 •

4 •

5 •

6 •

7 •

8 •

9 •

10 •

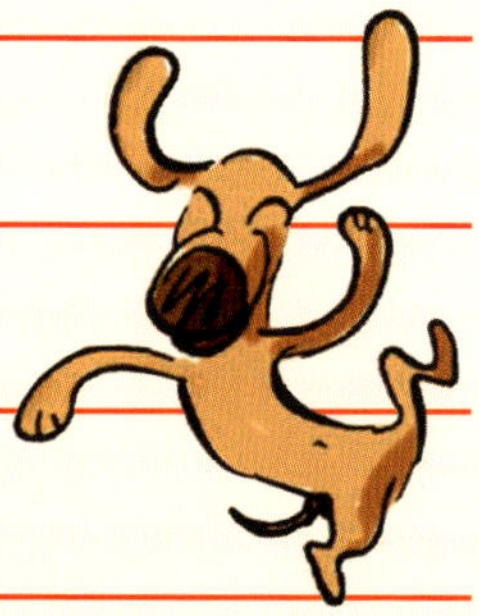

TEST : Ferais-tu un bon Père Noël ?

Plus tard, tu veux devenir Père Noël. Avant de faire ton choix, fais ce test d'orientation en pensant que tu es déjà le Père Noël !

1. Tu passes tes vacances d'été au bord de la mer, tu te dis :
   - ○ Ces bateaux téléguidés feraient de super cadeaux !
   - ○ J'adore les vacances !
   - ○ En fait, je ne me sens bien que dans une mer à 25°C !

2. Le soir, au restaurant :
   - ○ Tu commandes une île flottante.
   - ○ Tu hésites entre des œufs à la neige et des œufs en gelée.
   - ○ Tu regrettes que l'on ne serve pas de bûche de Noël !

3. Le 1er septembre, tu te dis :
   - ○ Hum… ces vacances d'été m'ont vraiment fait du bien !
   - ○ Chic, ça sent déjà Noël !
   - ○ Zut, dans trois mois c'est encore Noël !

4. Le 1er décembre, un wagon de lettres arrive, tu te dis :
   - ○ J'ouvre tout de suite mon ordi pour noter les commandes.
   - ○ Oh, là, là ! Encore du courrier !
   - ○ Il y a de plus en plus d'enfants qui ont mon adresse !

5. Tu rêves toi aussi d'un cadeau :
   - ○ une tenue de plongée sous-marine.
   - ○ une super couette qui tient chaud.
   - ○ un nouveau traîneau.

6. Le 15 décembre, au réveil, tu te dis :

- ○ Il ne me reste plus qu'à emballer les cadeaux.
- ○ J'ai encore drôlement de travail !
- ○ Aujourd'hui, je reste au lit.

7. Le 18 décembre, après le petit-déjeuner :

- ○ Tu cherches partout tes bottes fourrées.
- ○ Tu essaies ton costume de Père Noël.
- ○ Tu fais ta gymnastique.

8. Le 20 décembre, ton vieux traîneau est en panne :

- ○ Bon, tu verras ça demain !
- ○ Tu te mets à le réparer.
- ○ Tu en commandes un nouveau en express.

9. Le 23 décembre :

- ○ Tu vas te faire friser la barbe.
- ○ Tu cherches sur Internet où tu iras en vacances.
- ○ Tu regardes s'il n'y a pas encore des lettres qui viennent d'arriver.

10. Le 24 décembre :

- ○ Tu as oublié que c'était la veille de Noël.
- ○ Tu fais confiance à ta mémoire et tu t'envoles.
- ○ Tu prends ton GPS pour trouver ton chemin.

11. Dans une maison, la cheminée est bouchée :

- ○ Tu passes ton chemin.
- ○ Tu la débouches.
- ○ Tu laisses les cadeaux chez les voisins.

12. Et le 26 décembre :

- ○ Tu vas mettre ton costume à nettoyer.
- ○ Tu décides de prendre une année sabbatique.
- ○ Tu commences à fabriquer des jouets pour Noël prochain.

Réponses :

Compte tes ronds rouges ○ bleus ○ et verts ○.

○ Tu as plus de rouges : inutile de chercher plus loin, ce métier est fait pour toi ! Tu seras un excellent Père Noël, consciencieux, réactif et aussi très gentil. Bravo !

○ Tu as plus de bleus : tu peux devenir Père Noël, mais tu devras faire quelques stages pour te perfectionner et être vraiment opérationnel. Bonne chance !

○ Tu as plus de verts : tu dois chercher une autre orientation, mais tu peux tout de même fabriquer les cadeaux de ton album de Noël pour ta famille.